Jane: A Murder

[美] 玛吉·尼尔森　著

李同洲　译

简

MAGGIE NELSON

北京联合出版公司
Beijing United Publishing Co.,Ltd.

只 为 优 质 阅 读

好
读
Goodreads

书中的某些文字是简自己写的，或是摘自她 1960—1961 年的童年日记，或是来自她大学时代的一沓日记散页。后来的片段大多没有注明日期；我在书中将其时间置于 1966 年前后，但我对这个日期并不确信。我自作主张地对简的文字进行了修改和润色，并在必要时更正了拼写和语法。此外，虽然这是"真实的故事"，但我无法保证其中所描述事件或个人的事实准确性。

献给陪我一路走来的母亲，

以及始终陪伴我的姐姐，埃米莉·简。

目 录

我们得意扬扬，华生。

只有涂着防腐剂的月亮，闪耀磷光。

只有树上的一只乌鸦。做笔记吧。

——西尔维娅·普拉斯，《侦探》[1]

1962 年 10 月 1 日

1　原文标题为 The Detective，作者是美国当代重要的女性诗人西尔维娅·普拉斯（Sylvia Plath, 1932—1963）。诗人通过侦探视角调查一桩"家庭犯罪"——婚姻生活对女性的"谋杀"，使其身份隐匿，思想消亡。普拉斯自杀后，她的丈夫曾以"侵犯婚姻隐私"为由，拒绝出版包括《侦探》在内的七首诗。——译者注（以下若无特别说明，均为译者注）

简的日记

亲爱的：

我明白很多人写作是为了自我治疗。
所以这封不写给任何人的信，
对我而言是一种治疗。我有什么要说的呢——
一大堆毫无意义的疯狂印象。
我料想。

精神之光

（四段梦境）

*

　　她的前额和后脑各中了一枪。她游荡着，想找人把弹头从头颅里取出来。她还没有死，但她担心自己快死了。她头上的洞是完美的圆形，没有流血，边缘外翻烧焦，如同两轮日食。空气从洞中穿过的感觉很奇特，只是隐隐作痛，就像在口腔中咀嚼冷热食物一样，她感觉这个空间曾经稠密而充实。

　　阳光射向每处黑色外皮的周围，于是一道长长的白光从她的额头中央投射出来，另一道光则流向她的身后。

　　这是精神之光吗？这就是<u>我的</u>精神之光吗？

原来我还是个天才！

这个想法让她笑了起来，但她又开始琢磨，

为什么这道光总是看不见呢？我一定是在浪费它，我一定是只感受到了它最朦胧的转动。现在我能用它做什么呢？如果我能找到一个灯罩，那么别人就能借着它阅读。我可以照亮所有房间，全部地牢，我的光亮是如此耀眼。

但事实上，她正在失去光芒；光四处流泻，无可阻挡。

*

她醒了。睁开眼睛，她看到一朵朵牡丹一动不动地立在那里。窗上笼罩着一层密实的蓝雾；现在是早上5：30。

她睡在一面镜子旁，坐起来照了照。

在她的额头正中，冒出一粒略微变大的雀斑，她不记得以前见过。她看着雀斑，用手指摸了摸。

苍白的皮肤上本就遍布雀斑，多一粒又如何？但那个梦！再做一个会怎样。

空气中弥漫着难以忍受的湿雾，突然，她觉得自己看到了雀斑在生长——就像花儿在生长那样；但是很慢很慢。

雀斑变成了紫色，像一处微型的瘀伤。随着花瓣长得越来越厚实，紫色也越来越深。随着斑点开始变黑，叶子从边缘垂落到地面。

如此慢慢地，斑点变成了一个洞。

*

她醒了。雾已散去。没有雀斑，没有洞。然而，花儿已经盛开，一朵朵转过身来面向窗户。

她很快就会想喝点什么——一杯咖啡。她

开始了新的一天。天空像一块块垂直的蓝色厚板落下来，阳光如漂白剂般从天空划过。

她提着易燃的手提箱，却不知自己身处险境。就这样走在春日的大街上。温暖得不像话。她唱着："我希望我还是个孩子。"她不在乎别人怎么想。她知道自己是埃及艳后。她知道她的胆量就是长矛。

*

但很快，雾气又开始滚滚而来，在手指间弥漫。有一会儿，阳光从雾里照进来，雾气也变得温暖。然后，阳光慢慢地移到外面，挂在雾的边缘。

不久，一家她从未见过的面包店出现了。有些地方就是这样，只存在一次，或者只有一个入口。也许她以前在梦里见过这家面包店，或者在一本记忆犹新的童年书籍里见过，那本书里有一只狐狸，一边烤着手指泡芙，一边在柜台后面踱步。

里面没有别人了。椅子和桌子都是用黑线和铁丝织就串起，仿佛是鸟儿做出来的。她坐下来，开始写一封不写给任何人的信。

虚
构

虚构

外祖父
我写的是简的时候，他说

会是什么呢，
你想象的虚构？

我们吃着难吃的小比萨
而我的母亲

很喜欢低档的盒装葡萄酒。我不知道
该说什么。我希望

让他看看：
figling（一种小无花果）

和 *figure*（图形）之间是

figment（虚构），源于 *fingere*，意为

形成。1592年的用例：

此（虚构）作品的精妙、细致和完美无法用言
语充分表达。

但他不想看。
此外，这个意思

已经过时了。1639年的用例：

即使是为了上帝的事业，说谎和
用虚假的故事与虚构来捍卫他的正义，也是一
种罪恶。

1875年的用例：

我们绝不能设想这种逻辑上的虚构
曾经真实存在过。

虚构

　　那么，我就把她想象成一个从海里出来的女人。一个高个子男人在黑色沙滩上遇见了她。他说，你回来了。在航标灯下几乎看不见她。他们在那里做爱，然后变成了两匹马。夜幕降临，他们变成了野草。

　　她在黑暗中悄悄地让他告诉她关于万物之母的事，他不知道她说的是谁。她问火山，火山喷出了大量的湿火山灰。她累得躺下，发现自己的头靠在一个墨水枕头上。醒来后，她伸出双臂环抱地球，发现自己的手指甚至无法互相触到。

创作哲学

　　"在所有忧郁的话题中，按照人类的普遍理解，什么是最忧郁的？"死亡，是显而易见的答案。"那么，这一最忧郁的话题什么时候会最有诗意呢？"我说道。从我早已详细解释的内容来看，这个答案也是显而易见的——"当它与美最紧密地结合在一起时：那么，一个美丽女人的死亡，无疑是世界上最有诗意的话题。"

——埃德加·爱伦·坡

简的日记

（1966年）

哈！祝你好运。

太糟糕了，弗兰妮的妈妈
没说对，太糟糕了
我不只需要
一碗热汤
和睡上一大觉。

这里好冷。

两个错误

据说，大象在野外偶然发现死去亲人的尸骨时能辨认出来。它们会停下来，围着巨大的腐骨徘徊，摆动象鼻，发出绝望的叫声。

电视画外音可能会说：大象知道这是多莉的骸骨。它们在哀悼多莉的逝去。但多莉是我们的名字，不是它们的。

悼念却叫不出被悼念对象的名字，感觉完全不同。一个胎儿，一条你称之为"蛇"的蛇，一个没有社会保险号和名字的最普通的女人。

她于1946年2月23日出生在密歇根州的马斯基根，死于1969年3月20日午夜到凌晨两点。

"我"比她晚出生四年，几乎是同一天。

她的坟墓没有墓志铭，只有一个名字。

"我"是在野外发现她的；她叫简，普普通通的简。

大火

根据家族传说，简的所有财产都在一场大火中化为灰烬。她的日记、衣服、剪贴簿、书籍、打字机、学校论文和情书。

据说这把火是她父母在她遇害几天后放的，当时他们去安阿伯清理她的遗物。在我母亲的记忆中，他们是在简位于法学院的房间外面放的火。

法学院建筑群是一处绿草如茵的公共区域，有几条水泥小径穿过，周围是爬满常春藤的哥特式建筑，其中一座是法律图书总馆。回到现场后，我母亲也认为，作为两个非常注重隐私的人，我的外祖父母在这里燃起大堆篝火并将简的遗物投火中的说法似乎不太可能。

但问题依然存在。这个故事从何而来，那些物品又去了哪里？

滑移

有一天，我在"杂物间"
翻箱倒柜，发现了
几张散页日记

我想这应该是我自己的日记：
一页又一页的自我怀疑；
无情的哀怨语气；

以及一种渴望，一种原始渴望
尚未隐藏在我的
诗歌中。但我不会写

漂亮、硬朗的斜体字，1966年时
我也不在人世。这本日记是

简在二十岁时写的。

在确定家中无人后，

我偷偷溜进母亲的办公室
将日记全部复印下来，然后小心翼翼地
将原件放回原处。

简的日记
（1966年）

要知道，在这个需要方向的世界里，我当然没有方向。

我会成为教师吗？我会去法国吗？

我真的不知道自己有多聪明——

而这最重要的一点让我不断努力。

我不确定自己是否头脑聪明。

我不确定自己是否善于推理。

我知道我也会像别人一样困惑。

我不知道我在高级课程中的表现如何——

我不知道我在下一节经济学课程中的表现如何。

我不知道自己能否成为出色的辩论家。

关于我的智力，我还有无数不知道的事情。

情感能力今晚就不说了——情况更差。

我想要的太多了——我多么希望自己多才多
艺、魅力四射、热情、深沉、聪明、有所成
就、充满爱心、

游手好闲、奉献而不是索取、

开心愉快而不是受人逼迫、确信而不是彷徨、

拥有而不是企盼、

答案而不是问题。

      我最近很生气

            但这也会过去的。

最初几张照片

在成长过程中
我看到的唯一一张简的照片
就挂在我父母的
卧室里。她穿着
长雨衣
站在楼梯上,
背景是俗气的
青铜色鱼骨装饰纹。

后来我才知道
简遇害当晚也穿着长雨衣
如果那件雨衣
和照片上的雨衣是同一件,
就是我多年来一直看到的那件呢?

我来到纽约公共图书馆

带着我的两个约会对象，

其在我生命中无足轻重。我向一位图书管理员询问

在哪里可以找到

关于一桩旧谋杀案的信息。

她问，是桩有名的谋杀案吗？

我说，不算是，只是家族案件。

我的回答让我很难堪。

她给了我几张小纸条

我填好，卷起来

然后塞进银色管子里

像小指头那么长

扔进小门后

我等着看不见的工作人员

从下面把深蓝色的

《底特律新闻》卷轴送上来。

嗒嗒嗒，嗒嗒嗒，卷轴

在亮起的屏幕上飞速划过。

艾克对抗心脏问题。黑人
结束大学长期罢工。老冤家
杜鲁门和尼克松举行
感伤会面。"我们将在
七月登上月球！"随后
1969年3月22日，简的面孔
突然出现在屏幕上。

她的青春光芒四射
就像刚剪了个新发型——肆无忌惮、
未经雕饰、压倒一切。一条发带
将她的棕发束起；
她的嘴唇微微张开。
她是多么渴望。她的目光
极具穿透力，她的双眼退缩
在眉毛之下，像我母亲，
像她们的父亲：深邃、
顺从、吞噬一切。

我的脸盯着她的脸，

我们的思绪

在浪尖上凝固在一起，那朵浪花

刚刚开始泛白，卷动升起，

又落回喷薄而出的绿色。

我开始看简，

那时的她比我大得多。

现在，她的脸被放大在这块带有颗粒的屏
幕上，

显得那么奇怪，

因为她将永远

只有23岁。

幽灵

简的幽灵
活在你身上，
我母亲说

她想说明我是谁。我觉得
自己就像深夜电影里的女孩

惊恐地仰望着
她那位怪异祖先
的画像

因为她发现
他们脖子上都戴着
同样俗艳的吊坠。

从我记事起，

我的外祖父就会说同样的话：

他坐在厨房里，
一双胶状的蓝眼睛

盯着我。简，
他说，我想再来一杯咖啡。

旅途如何

瑞典祖先的两封信

（密歇根州马斯基根，1910年）

I

旅途如何（玛丽）

我要让你知道，我来到了一片新土地。
我现在要告诉你这次旅行的情况。

亲爱的，你可以想象那有多么可怕。
一艘战船撞上了我们

所以船破了一个大洞
我们的行李箱泡在了水里。

我们以为自己完蛋了。
但也不至于那么危险。

然后我们上了一艘叫"圣路易斯号"的小船，
一艘可怕的小船。

上岸后我们真的很高兴。
10月3日星期二晚上，我们到了马斯基根。

和奈尔斯住在一起的人都很好。
都是些年轻人。

他看到他的小斯威时高兴极了。
你想象不到他现在有多胖。他在这里长得真好。

这里只有我的男人和小斯威
一开始我当然会感到孤独。

我觉得我们不会
像喜欢瑞典那样喜欢上美国

不知道你过得怎么样？嗯，
你可能正忙着收割吧。

家乡的秋天好吗?
这里天气多变。

前一天下雨,
第二天又艳阳高照。

Ⅱ
衷心的问候(奈尔斯)

我也必须给你写几句话。
自从来到美国,我几乎每天都在工作
所以我从来没闲着。

工人在这里可以过得更好。
我在一家制造台球桌
的工厂工作。

工厂里有700个工人

所以我们每天要生产几百张台球桌。
他们这里无论做什么规模都很大。

这里有3000名瑞典人
三座瑞典教堂和许多
还有许多瑞典小屋。这很好

因为学英语很慢。
我们年龄太大了。真希望我
早来十年。

盒子

我母亲说没带上它就决不离开密歇根。

但当她父亲去拿的时候，
他拿出的只是薄薄的一包
用麻绳捆着的格纸。

简的日记（私密）
上面写着，
私密下画了两道杠。

她并不是总喜欢她的姐姐，
也不喜欢她的父母，
他警告我母亲道，母亲说

她不介意。她把它装进行李箱，对我说
我们会在适当的时候看。

大约一年后，她给我寄了一份副本。

日记从1960年1月
简13岁时开始，一直写到
1961年10月。

在我生命中的这一刻
仇恨是如此强烈
以至于我愿不惜一切代价杀死我的母亲

她开篇写道，
她已经踏上了
成为女人的道路。

简的日记
（1960年10月21日）

这个小本子里写满了我的喜怒哀乐。

在这一页，我显然很开心，而在下一页，我又非常不开心。

这就是人生。

现在，我安静、快乐、似在梦中，正听着高品质音响。

今年秋天肯定比去年秋天好，我很开心，也很忙碌。

我现在是啦啦队队长，一直在练习。

而且，芭布这个月十六岁了，这周末我们去了安阿伯。另外，我还有拉丁语、代数

和其他四门功课。我真的很喜欢！我太高兴了！

私下，我渴望像桑迪·罗伯逊或盖尔·比蒂那样成熟、时髦和老练，
但那是不可能的，所以我只能满足于成为简。

热情过头

简总是热情过头，
我母亲说，
你懂的，热情过头就是——

"我真的很喜欢你的裙子，
真的，我是说它可爱极了，
真的真的超级可爱。"

我知道什么是热情过头，是那么迷人，
当其来势汹汹时，
又是那么令人惊恐：

周四晚上，我去了詹的家，真的是滔滔不
绝，说个不停。
海蒂和苏西也在，她们极力反对我的想法。

我也是，我只是说说而已。
我的所言所行，说的做的都是错的。

但所有这些欢乐、悲伤和烦恼
都能帮助你找到自我，帮助你建立

真正有价值的人生。这些烦恼
都有助于塑造我的性格和未来。

我喜欢这样的声音，一个女孩
在夜里写作时，
内心涌动——

我的心情很复杂，这些写满了文字的纸页
也无济于事。
我无法入睡。我必须写作。

简的日记

（1960年3月7日）

我决定退出夸夸俱乐部。
这看似微不足道，但对我来说却是件大事。

我得出的结论是，我无论如何也不是
那种属于这种俱乐部此类团体的女孩，我的想
法太强烈了，不容忽视。
俱乐部周五将举行会议。我不会参加。
相反，我会写一封信，解释我的退出。

我将不再是日记封面所列人群中的一员。
我会知道格温妮丝·内文斯和莎莉·弗雷德里
克斯受到冷落时的感受。
我将成为局外人。

一个年轻女孩的日记

我刚刚读完《安妮·弗兰克[1]:
一个年轻女孩的日记》。
这本日记的时间跨度也是从13岁到15岁——

同样涵盖了年轻人的爱情、
对母亲的憎恨以及兄弟姐妹间的争斗。
新版复原了

一些段落,比如安妮
对女性解剖的描述。她说
阴蒂看起来有点像水疱。

1　Anne Frank,一位 1929 年出生在德国的犹太女孩,她用日
　记记录了全家在德国占领荷兰期间的藏匿生活。1944 年,
　安妮及家人被捕,随后被送往纳粹集中营。她于 1945 年死
　于集中营。

她描述了她吃的一切
（土豆、腐烂的莴苣、假肉汁、偶尔多得吃不
完的草莓），

她读的一切（家谱、神话），
以及阁楼里的家庭是如何争吵的
（经常而且激烈）。安妮也会热情过头，

如她所说，是个话痨。但谁又能猜到
安妮对她最后去的地方
会说些什么呢？

简的日记
（1960年）

我买了张唱片。唱片叫《尽情欢跃》（*Cuttin'*
Capers），是多丽丝·戴的作品，听起来可爱
又欢乐。我很喜欢！它让我开心，也让我感觉
棒极了！

我开始真正喜欢音乐，喜欢音乐给生活增添的
乐趣和其中
蕴含的多种情绪。
对我来说，生活真美好！

芭布和简

（第一部分）

相隔十五个月的两姐妹共用一间黄色房间。

她们把房间一分为二；简的衣柜在芭布这边，
这让芭布很抓狂。

所有的迷思都被歪曲篡改，所以
现在很难弄清

谁是凌乱的，谁是整洁的
谁笨手笨脚，谁人缘好。

芭布记得自己五岁时一只眼睛上戴着眼罩
嘴里戴着牙套，还患过严重的

风湿热，所以她当然觉得

长着雀斑和新剪了刘海儿的

简更可爱，但她们的父亲坚持认为
简非常嫉妒芭布在社交方面的从容不迫和她瘦
长的身材。

芭布记得自己曾试图抢走简的朋友，在简日记
的每一页
都写上自己的名字，她恨死自己的妹妹了，

经常幻想用枕头把她闷死。

简的日记

（1960年1月20日）

现在我恨死我姐姐了。

我们之间没有默契，也没有理解。

我恨死她了。

她尖酸刻薄、居心叵测、势利虚荣、盛气凌人，她的整个态度就是她比我强。我知道她比我强，也许我就是嫉妒她，但我再也不会和她做伴了。

嫉妒很有趣。我嫉妒芭布的风趣、约会对象、外貌、自信、与父母相处的方式、衣着、魅力、年龄等等。但嫉妒又难以理解。我并不总是嫉妒，也不总是羡慕，只是有时我太想拥有她，太想成为她那样的人，以至于我想哭。这是一种耻辱，因为她值得拥有她拥有的一切，当然她也应该拥有她拥有的一切。

　　如果她恨我，那也没关系。我愿意为她献出生命，她却不在乎我的死活。
　　我希望我们能去佛罗里达。也许在一起开心一下会有帮助。

标语

我的外祖母家里到处都是标语——
厨房里的层压板，双人床上的泰迪熊

泰迪熊穿的T恤衫上写着上帝是爱。
她最喜欢的一句标语是：

如果你说不出什么好话，
那就什么都别说。

我现在能听到她在拨弄
简上学那天穿的礼服裙的白色领子。

我真不敢相信我养大的女儿
竟然活在如此肮脏的环境中，她说道，

对衣服两个半月形位置上的汗渍感到恶心。

简的日记

（1960年1月21日）

我知道自己
对父母的感情会有所软化

但现在一想到这些人
是我的父母，我就觉得非常反感

感觉几乎要吐了。
我已经到了

对家无法忍受的地步，
我会不惜一切代价逃离。

我很抱歉自己会有这种感觉
也为我们之前的美好时光

被毁而感到遗憾。也许有一天
我对父母的感情

会有所改变，但在那之前，
恐怕他们和我自己

都会过得很艰难。

母亲和女儿

我听说简对她说了一些难听的话，
但我不知道具体说了什么。我母亲说
他们嘲笑她，摆出一副居高临下的态度。

简在信中写道，我对她的评价可悲地降低了，
因为现在我不再认为她是个好母亲。
我甚至觉得她是个可怜的女人。

我的外祖母从未读完高中，也从未
开过车。为了让我外公娶她，
她一辈子都在谎报年龄。在他们

交往期间，她从不让他开车送自己回家。
他们结婚后，她从不谈论
自己从哪里来，从不提及自己

死去的母亲，也从不提及照顾
她双双酗酒的父亲和哥哥的岁月。
每年只有圣诞节时，她才会

去看望哥哥和他的十二个孩子；她会带上
一张支票和罐头食品。他们全家都出现在了
我母亲的婚宴现场，但他们并没有

进来。他们就像影子一样在草坪上游荡。
多年以后，外祖母拒绝带我和姐姐
去教堂或商场，因为她说

我们看起来像穷鬼。我们试着告诉她
这是时尚。她对我们非常非常严厉，
我的母亲现在才注意到这一点。但你也知道，

人们往往对自己最爱的人
毫不留情。

简的日记

（1960年4月15日）

为什么我不能永远幸福美满？为什么有时生活会一团糟？我只希望我能永远快乐，但我知道我不会，因为没有人能永远快乐。

我刚刚写完一篇关于南希和本尼迪克特·弗里德曼所著的《迈克夫人》的读书报告，我只希望自己能像她一样过着充满爱和幸福的生活。那我该有多幸运啊！多幸运啊！

《迈克夫人》:

波士顿女孩嫁给粗犷加拿大骑警的感人经典故事

她在波士顿把我送上火车,我第二十次向她保证,我会穿得暖和,保持干爽,不会在有熊出没的夜里外出。

我想到妈妈。我不能这样。不然,我怎么能在这天昏地冻的世界继续前行?

我什么时候能见到她呢?我知道母亲没钱来参加婚礼,而迈克已经接到了命令;我们将立即动身前往哈德逊希望镇。分离的痛苦将持续数年,也许是永远,我们之间的距离一定能跨越整个萨斯喀彻温省。

简的日记
（1961年2月21日）

今夜，我要告诉你一些我不太理解的事情，关于我自己和芭布。我读了芭布一篇题为"难忘的一天"的作文，如果（她）发现我读了，我希望或祈求她能明白其中的原因，我不是有意窥探，我只是嫉妒她生活的小世界，我希望我能渗透进去。

我说起她对波迪的感情，说起滑水，说起她与波迪和表兄帕特一起度过的漫长夏日。那时的她像变了个人，所有的激情、欲望和感情似乎都浮出水面，尽管他已经30岁了，但她显然很爱他。

总之，在作文中，她描述了这一天的种种，然后提到她想象自己爱上了一个特别的人（当然是波迪），一切都因他而变得如此完美！！为什么，为什么只有她有这样的情感？即便她有时会感到困惑和不开心，但她仍然拥有这种情感。在那些漫长的夏日，究竟发生了什么，人们只能猜测……我从心底羡慕她。

我渴望类似的经历；不是相同的地点或境遇，而是属于我的，只属于我自己的东西——除了我日常的朋友、熟人和家人之外的东西。我没有这样的经历，但我一直想要。我一直是个必须善良、可爱和顾家的女孩。为什么我不能拥有那种力量呢？那种确信美好世界可以都属于我的力量。

爱情及其众多支流从未在我面前显现。我或许应该一直追寻，寻找一个我可以分享的世界，分享给另一个人，另一个男人。一个我爱和爱我的人。就像我说过的，我或许会在我的余生中一直寻找迷恋和激情带来的激动和兴奋。这对我来说绝无可能。我不说了。芭布真幸运。我好爱她！

密歇根大学

关于那些想接受正规教育的女孩，
有这样一句谚语：

如果十个女孩中有九个是美女，
那么第十个就会去密歇根。

简的日记

（1960年）

今天早上我去散步。

我的头发束在脑后。

我穿着一件舒适的蓝色羊毛衫，
没有穿袜子，一件棕褐色风衣

我的脸颊通红，手脚冰凉。

我的头脑清醒，欣喜若狂。
我既没有想到过去，也没有想到未来，
我只想到了寒冷的空气，

急促的脚步，下一处路缘，
山顶，

打在脸上的雨水。

我嘴里唱着
"我希望我还是个孩子"。

我的目的地：被赋予上帝之名的任何地方，
但要在远方——
要激动人心

芭布和简

（第二部分）

芭布去上大学后，她们之间
的关系发生了变化。1964年，简被选中

和一个叫比尔·斯特里特的人
一起在高中毕业典礼上发表演讲。出乎意料地，

他们发表了一篇关于公民权利的演讲，
言辞激烈，震惊了所有人。肯尼迪遇刺的那个
周末，

简去密歇根看望芭布，
两对情侣进行了一次四人约会。

芭布担心那家伙不喜欢
简，但他喜欢。他真的很喜欢她。

第二年，简也进入了芭布所在的密歇根大学，但
她们的圈子并不相同。简的朋友们

都很关心政治，是那里最严肃的学生。
简拒绝加入女生联谊会，而芭布的男朋友

则加入了最热门的兄弟会。但她们每周都会
一起喝咖啡，一起吃晚饭，一起谈书籍。

是简第一次让我母亲开始
阅读弗吉尼亚·伍尔夫的作品。有一天，

芭布和她的男朋友偷偷溜进
校园礼堂的后面，去听简的辩论。

就在那时，芭布意识到她的妹妹
在台上的表现不是出色——

简直堪称杰出。

简的日记

（1966年）

致芭布

无论你明年在哪里，或者十年后在哪里，
咱们还是要聚在一起喝咖啡！

希望你永远不会停止"成长"——

"不仅是为了你，
也为了和你在一起时的我"

——我自己。

感恩
你的妹妹
简

关于男友的说明

没过几年，他就成了
我母亲的丈夫。

几年后，
他成为我的父亲。

十年后，他突然去世，
享年四十。

她的母亲去世后不久，弗吉尼亚·伍尔夫
失去了她最爱的同母异父的姐姐斯黛拉。

伍尔夫在回忆录中写道：我记得在（斯黛拉）
死后，我对自己说：
"但这是不可能的，事情不是这样的，不可能
是这样的"——

那一击，死亡的第二击，打在了我的身上；
我颤抖着，双眼迷离，翅膀皱缩，

坐在我的破茧边缘。

她的血脉

到了大学二年级，简的父母告诉她，
他们家不再欢迎她了。

同年，简在日记中
写道：

母亲，伪善的基督徒，
而我，有她的血脉。

在她的影响下，我受了她太多的影响
我爱她，至少

如果
我还能爱的话。

简的日记

（1966年）

好吧，他没打电话。而我，像个傻瓜，整晚都
在等他。
10点钟来了又过——绝望包围着我疲惫的身体
和疼痛的喉咙

也许吉姆·胡德克是我认识的人中最好的，
对我来说太好了，这可真可怕。

年轻的离婚女人，我挺喜欢这个说法。
但事实上，一个连婚姻都没有的离婚女人是怎
样的呢？

你是个好孩子，简。好在哪里？
你的确是个孩子，没错。
酒的味道怎么样？

爸爸……我们不够亲近——

我是个胆小鬼。我觉得自己没骨气——
我认为我真的很多事都不懂。

我不算真诚。
我没有任何新年愿望——
我不知道下一步该做什么。

　　品性，那是什么？明天是1966年1月3
日，星期一。

菲尔

　　我知道简最终在密歇根认真交了个男朋友，但我不知道在哪里能找到他。我把他的名字在各种号码簿里查了一通，但一无所获。我母亲终于想起了他在二十世纪七十年代可能就读过的一所大学的名字，于是我联系了校友办公室。他们有这个名字的一处海外地址。

　　我不知道该在信中说些什么，所以没说太多。如果是他，我想他会理解的。

菲尔的第一封信

亲爱的玛吉,

　　我刚刚收到你的来信,我确信我就是你要找的人。三十多年前,简去世时,我们二人非常相爱,正打算结婚。无论你想知道什么,我都很乐意与你分享。

盒子

几个月后，菲尔来到美国，我们约好在纽约布鲁克林喝咖啡。虽然他在欧洲生活了很多年，但他的公寓原来就在我住处附近的拐角处。

与他信中的坦诚相比，菲尔起初显得相当警惕。他想知道我为什么对简如此热心，为什么要写她。为什么我要把这么私人的事情公之于世。

我们聊了好几个小时，外人可能会以为我们是老朋友。起身离开时，他说要把那天早上清空的一个保险箱里的东西交给我，这个保险箱他封存了三十年。

看着他的身影在街道上渐渐远去，然后进了地铁，我感到莫名的失落。

我爬上楼梯，在书桌前坐下，慢慢端详他的礼物：他从《底特律新闻》上剪下的讣告，因年代久远已经发黄变脆；几张简的快照；还有一首别人在她葬礼上朗诵的诗。

那时，菲尔并未听过这首诗。他解释说，他不太喜欢诗歌，但这首诗深深地打动了他，他在一本书中找到了这首诗，回家后把它打了出来。

现在我有一张他的旧信笺，右上方印着安阿伯的一处无效地址，下方是狄兰·托马斯诗作的打字字迹：不要温柔地进入那个良夜。/要怒斥，怒斥那光明的逐渐消逝。

菲尔的第二封信

我想描述一下我是如何认识你姨妈的。

那是在1966年（如果我没记错的话，那一年她没有新年愿望，也不知道下一步要做什么）。当时我只有二十三岁，是经济学二年级研究生。我有一份教学奖学金，这意味着我每学期必须主持两门经济学导论课程的"讨论"环节。简是第二学期其中一门课的学生。我记得那门课是微观经济学原理。

简让我印象深刻，即使是在非常聪明的学生群体中，她的聪明也不同寻常。她并不特别外向，事实上，她很少参与课堂讨论，也很少在课堂上提问。但她身上有一种强烈的存在感和对知识的渴望，这对我而言很有魅力。

她总是百分之百地做好预习，对教材也烂熟于心，而且她有个特点，就是会有一种基本的不安全感，认为自己永远不可能理解所有需要理解的东西。通过她在课后和办公时间的提问，我对她个人有了更多了解。

简是个一板一眼的人。但这并不妨碍我被她的智慧、强烈的好奇心、对社会问题产生的敏感和雄心壮志所吸引，而很久之后，我终究还是更多因她的身体而着迷。

我还记得她告诉我她大三要出国留学。那可能是我第一次意识到，我把她视作进入我人生的可能人选，而不仅仅是个同学。我知道出国留学的经历对她来说会很美好，并鼓励她付诸行动。但我强烈地感觉到我会想念她。当然，我也确实很想念她。

先说到这里吧，我想让我的精神休息一下。

简的日记

（1966年）

明天：也许会有法国。

　　　　肯定会有匹兹堡。

　　　　会有孤独，那又怎样。

法国

1966年秋，简前往法国
普罗旺斯地区的艾克斯学习一年。

她乘船前往，在船上
上了法语速成班。

一年结束后，
她搭便车穿越了欧洲。

我母亲隐约觉得
她去了南斯拉夫，甚至

可能去了苏联，但她说不清为什么。

菲尔对此表示怀疑；鉴于
他是一个马克思主义者，他相信

他们一定会讨论去苏联这个问题。
似乎没有人真的

对她的旅行了解多少。
不管怎么说，她回家时

抽着烟。

法国来信
（1967年）

亲爱的姐姐芭布，

　　感谢你3月15日的可爱来信。很抱歉我没有早点给你回信……

　　你问到了美国从法国撤军的问题，以及法国人对戴高乐的态度。我只能主观地评价，但我确实有一些看法，不管这些看法是否具有价值。是的，法国人对战后美国的援助心存感激，但他们的观点与我们完全不同……有一个相当强势的观点是，我们在战后的仁慈慷慨只会让我们更富有，更有影响力，所以他们的态度是"谢谢，但现在你们该离开了"。可有一个问题，因为法国仍然需要我们……这是一个恶性循环……我理解这一点，因为我们美国的外交政策中有一种道德理念，即把我们的生活方式强加给世界其他地方——

很高兴你看了电影《游戏结束》，法国这里叫《贪欲的角逐》，我非常喜欢。我发现瓦迪姆是一位出色的电影艺术家。我好想知道在美国上映时是否有任何删减——

考试就要来了，此外还有两份长达十页的法语论文，但只剩下五个星期了，这个夏天听起来像是一次真正的冒险——我不知道自己会去哪里，但我越来越渴望这种去天知道什么地方旅行的自由和刺激。在马赛火车站爬上二等车厢，向着天知道是哪里的地方出发，有一种难以形容的快乐。这对我有种神秘的诱惑——

我无法向你讲述我在佛罗伦萨的五天，太多太多的事情，无法一一详细道来，也许哪天喝咖啡时讲吧。我会把那五天的痛苦和恐怖都告诉你。没错，我还经常和菲尔聊天。有时会觉得和他很亲近——

我的体重太吓人了（你不信的话可以问妈妈），但我已经连续一周每天摄入的热量不超过500大卡了，所以未来的前景是美好的。我再也不会这么重了，但也没怎么太在意……

　　让我知道你今后的计划，并把你夏天的地址告诉我。我很想去那座可爱的城市看看你，但俗话说，人没法干完所有的事。向你的丈夫问好。

类似的评价

（一位朋友）同意（简）是"自由主义者"，她
说，她想看到黑人学生得到他们想要的东西。
——《安阿伯新闻》，1969年3月22日

我的亲戚都说
简想改变世界

然后他们又说
我们谁都做不到

简的日记

（1966年）

我还在反抗。
怒火仍在

我怀疑这是彻头彻尾的利己主义。
傲慢高于一切——

人们误入歧途，
为了世界上最丑陋的东西

而牺牲自己最美好的东西。
我也一样。

法律

大四那年，简开始服用避孕药。
她知道，如果父母发现了，

他们会认为她不配得到他们的钱，
所以她主动切断了自己的经济来源，

瞒着所有人申请了法学院。
她被录取了，获得了奖学金，然后就去读
书了。

尽管她对律师这个职业心存疑虑
（律师这类人，有时令人讨厌，她写道）

但她还是全身心地投入到学业中。《安阿伯
新闻》
后来写道："法学院的学生形容（简）

是一个认真、好学的人，喜欢谈论学校，
但不喜欢谈论自己的私生活。"简和菲尔

都瞒着自己父母有关对方的事；两个家庭
都不会接受外邦人和犹太人的结合。

我对菲尔说，她一定疯狂地爱着你。
哦，他笑道，我不知道。

嗯，我说，疯狂到可以考虑
和你共度余生。

哦，那个啊，他笑着，那绝对是疯了。

菲尔的照片

I
汽车旅馆

简的日记结束的地方
就是这些照片的开始

这些照片与我见过的她的
任何照片都不一样。我无法解释

其中的不同，我想只是
因为她看起来太开心了。

就像这张照片，是在
汽车旅馆拍的。她穿着

长袖内衣，把自己裹在

双人床的被子里。

她对着镜头微笑，
头发乱糟糟的。

菲尔说，她可能就是在这样的汽车旅馆里
失去了童贞。他不记得

这对她来说有什么大不了的。一起离开
很难吗？我问。

他说，就像现在一样，
你需要的只是时间和金钱。

而且，他眨了眨眼睛，我那时有一辆车。

II

威斯康星

1968年春天，简和菲尔去了威斯康星州
为尤金·麦卡锡[1]竞选造势。

简热衷于反战。

他们被派往沃基肖，一座工业小镇，
他们住在当地的一户人家里，挨家挨户地开展
竞选活动。

她在照片中穿着海军短外套，衣襟上
别着麦卡锡的徽章，怀里抱着一堆传单。

她站在一栋黑暗的建筑前，建筑的遮阳篷上

---

1 尤金·麦卡锡（Eugene McCarthy，1916—2005），曾任美
   国国会议员。1968年美国总统选举期间，麦卡锡试图获得
   民主党候选人提名未果，他的竞选纲领是反对越南战争。

写着交谊舞，她的棕色头发上缠绕着

浅蓝色发带。她身后的更远处
是一座废弃的过山车，像白骨堆起的

蛇形绞刑架。威斯康星的日光
寒冷而灰暗，停车场上空无一人，

只有一些散落的树枝和一罐压扁
的可乐。再仔细看，我还能辨认出

一辆被阴影遮住的汽车。

Ⅲ

银湖

这张照片中，她
就在银湖边，穿着

两件式泳衣，
海军蓝，

侧面有白色条纹。
她坐在一条

粉色毯子上，
旁边还有几本书

和一双湿的软皮鞋。菲尔的身体

在照片左下角
形成了一处阴影；

显然，要拍摄这张照片，
他必须站在

水中。他在毯子上
腾出的空间

被一团团身体形状的
湿气打湿了，

沙滩如此狭窄，
水要淹没

他们了，淹没了简的脚
和小腿，淹没了

粉色毯子。
整张照片

如梦似幻，就像
在牛奶中洗过，简的皮肤

呈淡杏色，
光彩照人。我喜欢这张照片，

在这青葱、朦胧的银光中，
两个人曾经

在潮湿的沙滩上
蔓延着身体，

相亲相爱。

简的日记
（1960年）

现在拥有了太多，昨天已经不重要。

我拥有了这么多，这么幸运，谁还能奢求更多呢？

我很开心。明天我可能不开心，昨天我也不开心，

但我现在很开心，这才是最重要的。现在！

我必须记住这一点，永远不要忘记！

事件顺序

法学院，C区，二楼

一盏野鸭绿色的玻璃灯昏暗地矗立在一块方形的红色毛毡上。

星期三夜里，房间里传出打字机和思维活动的咔嗒声响。

星期四夜里，房间里没有任何声音，只有无人接听的电话铃声。

春假开始了。

她有她的理由，
她想一个人回家。

计划

她要独自回家
宣布她和菲尔
订婚了。

菲尔得到了
纽约大学的工作；简
也将离开密歇根，

去那里
读法学院。但
她担心

她的父母
会大发雷霆，
那是一种

如同死木般
沉闷的尴尬场面。
是因为

他是
犹太人吗？是因为
他是

马克思主义者吗？
还是
仅仅因为

他会把她带到
一个与他们的世界
相去甚远的世界？

她在电话里和姐姐
商量了好几个小时。
计划：独自一人

在家过夜，
经受暴风雨的考验；
菲尔几天后

同她会合。
相信我，芭布，
相信我

这将是简
对她姐姐说的
最后一句话。

搭车信息板

在学生会的地下室里，
悬挂着一幅装裱过的美国地图，

地图上的美国被划分为若干个编号区域。
每个区域都是褪了色的粉红色或灰色。

地图下方是一个樱桃木置物架，
架子上是一个个编好号的小格子，还有一些

橙色和蓝色的纸条。这是一套很有效的系统：
你可以在纸条上写下自己的名字和电话，

以及需要前往的地点和时间，
然后把纸条塞进对应区域的格子里。

简留下的便条：

如果有人可能在周四（3/20/69）

的任何时间开车去马斯基根，

我将不胜感激。

一个自称戴维·约翰逊的人

给她打了电话。显然，他

周四去接她时迟到了；她离开前

把电话簿摊开在桌子上，翻到姓氏为约翰逊的

那一页，

在他的名字旁打了个钩。后来，

戴维·约翰逊所在的兄弟会里有个家伙

告诉警察，

一个女孩在下午6：30后不久

打电话找约翰逊，说

他应该让她搭便车回家。

他们告诉她一定是打错电话了，

因为他们那儿的戴维·约翰逊每晚都有戏剧
演出，
根本没有开车去马斯基根的计划。

她当时疑惑了吗？她是不是觉得
有什么地方不太对劲？就在这时，

外面传来了汽车的鸣笛声：
她拿起行李，跑下楼，钻进汽车，

驶入夜色。

96号州际公路

这条带状公路从这个形状如同连指手套的州[1]
的一侧延伸到另一侧，
穿越大片的平原，在三月的夜里，一片漆黑，
光秃秃的。

简还没有回家，她父亲出去找她。
他确信发生了一起尚未报告的事故。

他独自沿着96号州际公路出发，当时大约是夜
里10点或11点。
在那条丝带另一端的某处，简那时可能还
活着。

他的目光在路边搜寻着，一直开到兰辛

1　指密歇根州。

才掉转车头回家，然后报了警。

我不知道他是否打开了收音机。
我不知道是否有月亮，或者他是否能从路上看
到月亮。

礼物

第二天早上，在距安阿伯约二十三公里的
地方，
一个男孩正要去学校时，
在他家砖房旁的碎石路上发现了一个袋子。

袋子里有一份礼物，还有一个厚厚的文件夹，
里面装着打印好的好几页纸。
礼物上的卡片写道：

最亲爱的妈妈，对不起，你的生日我迟到了，
但一百年后，你也不会知道这有什么不同。

男孩把东西拿给他母亲看，她发现袋子一边
有血迹。她走到外面
四处张望，很快就在

对面小墓地的
一座坟墓上
发现了一具像是尸体的东西。

盒子里是一双毛茸茸的蓝色拖鞋。
但后来是谁打开的呢？是警察
看到了上面写着

我爱你，简
然后解开了
礼物上的丝带吗？

姿态

右臂伸过头顶，
左臂遮住眼睛。

一只鞋放在腹部，
一只鞋摆在身侧。

她的雨衣盖在身上，
头枕着一个陌生人的坟墓。

后来有人称之为
"一种虔诚的呈现"。

"警察出现在家门口严肃地宣布他们心爱的孩子已离开人世，对任何家庭来说，没有什么比这一场景更让人伤心崩溃。珍妮·霍尔德当时只有23岁。1968年，她以全班前10%的成绩从密歇根大学毕业，而一周前，她获准成为美国大学优等生联谊会成员。她一直想成为一名出色的律师。但现在，她不仅失去了生命，还是被人杀害的。贝克警官不禁要问，任何父母怎么可能事先做好抵御这种恐怖的准备呢？

"然而，在从最初的震惊中回过神之后，霍尔德博士和夫人设法让贝克警官的工作轻松了一些。不知何故，他们都镇定了下来；他们似乎从彼此身上汲取了积攒的力量，重整思绪，继续控制着局面。这一切就发生在几秒钟之内，就在警察眼前，真是不可思议。"

——爱德华·凯斯，《密歇根凶案录》，

一段"真实犯罪"故事，

其中的名字已被更改。

尊严

我母亲说，他们知道
如何有尊严地哀悼。

这是加尔文教派的方式。
就好像跪在地上号啕大哭是一种下流行为，

就好像有一种神奇的
控制力，

你可以教会它
吃下痛苦。

午后要闻

经过三个小时的车程到达伊普西兰蒂后，
警察等待着给他们看尸体。

首先，警察把他们关在一个小房间里，
给他们看性犯罪者的照片，

问他们是否认识其中任何一张脸。
这样过了两个小时，我的外祖父问

是否可以到街对面
去吃点东西。在餐馆里，

他们看到了报纸，是当天晚些时候
发行的午后要闻。

标题写着—男女同校生[1]遇害，

下面是简的照片。

1　美国的大学最初仅接纳男性就读，后来允许女性入学后，便称呼女性学生为"男女同校生"（co-ed），本质上带有性别歧视色彩。

皮肤

一条丝袜紧紧地缠在她的颈部，
甚至都看不见了。丝袜就这样
深深嵌入了皮肤。

皮肤是柔软的，你对它做什么，它就接受
什么。

震惊

当他们辨认完尸体回到家时，
我的外祖父有些困惑。

他反复问芭布，
简最近把头发染红了吗？

没有，芭布不停地回答。
她没有。

简的日记

（1966年）

如果我不努力让自己快乐，

我就会成为自己心中的悲剧人物。

轻松对待事物的确可以解决很多问题。

打开的灵柩

她的母亲坚持要打开灵柩，
向所有人展示简的身体依然完整。

成百上千的人看到了她。那是简，但她的颈部
肿胀，身体不是冷冰冰的，而是像蜡一样。

我的母亲对此强烈反对，
她还在殡仪馆晕了过去。

葬礼

警察告诉
他们：仔细
观察

葬礼上的
每一个人，
即使是

你们自认为
认识的人。然后
等葬礼结束后，

在留言簿上
翻找
你们从未见过的

名字。
凶手出现
在那里

的可能性
比你想象的
要大得多。

事件顺序

验尸报告证实，
所有的扼杀都发生在

她因头部中了两枪
而死亡之后。

我不知道他们是怎么知道的。

我似乎觉得，他们这样告诉你，
是为了不让你伤心欲绝——

焦黑的碎片开始在骨炭般的
疯狂中飘荡。

骚扰电话

显然，在不寻常的死亡之后，
这种电话很常见。只是

无聊的大学生嗑药后
打的电话，或者是当地男高中生

因年少和胆大妄为打的电话。奇怪的是，
最常打电话来的

是个女人，一个空洞的女声，
用一种假声在假装哭泣

简在哪里，呜呜呜
简在哪里，呜呜呜

警察坚持

让家人接听每一通电话。

我想象着
外祖父半夜

穿着法兰绒睡衣，双目
皱缩，因没戴眼镜而

视线模糊。他坐在床边，
对着装有窃听器的

电话小声说话。他说，
别再打来了。请不要再来打搅我们。

一些问题

缺口

威廉·詹姆斯[1]
曾经说过,
意识本身

似乎并不是
以碎片形式出现的,
意识似乎是连续的。

但是,时间中
可能会存在
穿透夜空之感

的空洞,

---

1 威廉·詹姆斯(William James, 1842—1910),美国哲学家、
心理学家,被誉为"美国心理学之父"。他的弟弟是美国
知名作家亨利·詹姆斯(Henry James, 1843—1916)。

而我们的
思维试图忽略

这些空洞。
一个令人心痛的缺口，
詹姆斯说，试图

描述一种
由失落之词
构成的空间，

填补这一
空间是我们
思想的宿命。

简与凶手之间
在五个半小时内
发生的事，

就是一个

黑得可以吞噬
整个太阳
而不留一丝痕迹的

缺口。
仔细听，
詹姆斯说，

你可以听到
心痛
的律动。

葬礼

现在不是问这些事情为什么会发生的时候，
而是要有信仰，牧师说道，
同时四百人流下了眼泪。

三十年后的清晨，静谧，
信仰不再。
是时候提出问题了。

简的日记

（1966年）

质疑是正常合理的，不稳定的观点才伟大。

伪确定性是更严重的罪行。没有什么是绝对的。

没有人知道所有的答案。伪装是可憎的。

整篇文章都是一堆废话。

争论

当时有一场争论正在进行，争论的措辞很
微妙。
有人会像喜欢山或海那样喜欢血吗？

两颗子弹把精神之光变成了愚钝的肉。
回答我。

一些问题

如果你在深夜行走,
在你喜欢的地方祷告,

你会觉得自由吗?

我是否会弄明白,
我究竟是不是这个世界的一部分

或者并不完全是?

两颗子弹

头骨
可能会
胜过金属，但

金属
最终会赢。它
揳入

思想的
位置，将
粉红色的组织

用作它的包膜。
两颗子弹：
一颗在前，

一颗在后，
快速地说着话。
它们告诉心脏，

别再跳了。

在登顿公墓

新鲜的轮胎印
和一个男人的
鞋跟印，
是唯一的线索。

电话

我母亲记得
简打过求助电话——

一通用公用电话打的慌乱电话。
但当我问她是打给谁

或从哪里打的时，母亲承认
她对此的记忆

很模糊。
我找了又找，

但没有任何
通话记录。没有：

简失踪的时候，

她消失得很彻底。

我想，这是一种幻想，
一种让那夜的

骤痛得以喘息
的方式。这给了

我母亲另一次
失败的机会，也给了简

一次抗争的机会。

连环命案

一个女孩在1967年遇害，
另一个在1968年。

简在1969年三月。

四天后是下一个女孩——
然后一个在四月，

一个在六月，
一个在七月。

《底特律新闻》解释说：
"每个女孩都被杀害了，

尸体被遗弃在两个城镇之间的
某条偏僻小路上，

而这两个城镇的郊区仅相距三公里。"
在地图和记录上,

每个女孩都有一个编号;
简是三号。

我家人记得四号
是个妓女,但实际上

她只是个吸毒者,十六岁。
她的身体被彻底

摧毁了,就像
在弥补

几天前
简获得的幸免。

我的外祖父母没有兴趣

和其他家庭交谈。

他们说，我们和他们不一样。

正如你所料，有些人想复仇，
有些人想起诉大学，

有些人大谈特谈上帝。

我的家人自顾自地
接受了这桩悬而未决的案件，

关上了那座房子的窗户，
严厉地命令自己

要知足，
继续生活。

梳理

我庆幸她的脑袋没有被钉入七八厘米长的
钉子。

我庆幸她的脸没有被打得面目全非。

我庆幸她的乳房没有被强酸腐蚀。

我庆幸她的手指没有被切掉。

我庆幸她的脚趾没有被切掉。

我庆幸她的前臂没有被切掉。

我庆幸她的头骨没有被木棒敲碎三处。

我庆幸她没有被人用树枝强奸。

这都是对其他女孩身体做的事。

简的日记

（1961年2月11日）

我打赌我几乎已经把你忘了。

我没有，我的思绪还在以同样令人困惑、永无止境的速度蔓延着。

一条推理线

凶手是否准备强行（与简）发生性关系，只是在发现她来月经后放弃了努力？这一合理推论没有回答的问题是，她当时是否已经死了，抑或正是这一发现促使他进行了凶残的报复？

——《密歇根凶案录》

报复：以牙还牙，尤其是以恶报恶。

推理继续

至少有三位被害女性在被杀时月经来潮，虽然其他四起案件中被害女性的月经状况未获证实，但不能完全排除可能性。她们的月经状况是否会是一个显著的共同因素，这一因素在每起案件中都是在不合时宜的情况下被发现，从而让凶手爆发的？如果她们面对的是一个对这种"恶心"的女性缺陷有发作性癖好的人，那就有可能！

——《密歇根凶案录》

启示

所以他们猜测她没有被强奸
（但可能被杀害），
因为她来月经了；

报纸报道说，
她的"卫生巾"
仍在原位。

所以血
就是血——
头血，阴血

黑色的凝块，
红色的血流。
我们真是自欺欺人啊，

我们把血分成了

玷污之血

和救赎之血。

简的日记
（1966年）

愤怒是一件非常可怕的事情。
它会引起仇恨。

我真希望能找个人谈谈。

最近没有一个可以说话的人，
我的心脏和胸部经常因为愤怒而绷得紧紧的。

人口统计

报纸称，"所有受害者都是独立的，在政治上
是自由的"，也就是会成为上帝的女孩。

三名男女同校生，一名艺术系研究生，一名
八年级学生，一名离家出走者，一名法律系
学生。

世界是我们的，但我们在其中行走时
却引来了他人的目光。

即使在白天，也千万不要独行

　　一些男女同校生似乎并不担心自己会被侵犯或抢劫，只担心自己会丢掉性命。"只要我们不被杀害，其他的就没那么重要了。"一个女孩解释道。

　　　　　　　　——《密歇根日报》，学生刊物，
　　　　　　　　　　　　　　1969年3月26日

一桩毫无关联的案子

献给玛格丽特·菲利普斯

一名社会学学生正在帮助一名前科犯重新振作。

一天夜里，他来到她的公寓，朝她的头部开了一枪，
然后离开；不知何故，她设法报了警。

活着但语无伦次，明天她将死去。

回到家后，他告诉了一个朋友：
我一直看到棕色的小洞

不知从哪里冒出来，
都落在她的头上。

简的日记

（1960年4月15日）

我有段时间没写了，真不幸，，因为我一直满溢着幸福。
没有烦恼。

我在学校过得很好，别再和英格尔斯太太顶嘴了。
女孩子都对我很好，在家里很幸福，
一种我不知道的感觉——

我想读《圣经》。
我很感兴趣，想要更多地了解上帝和耶稣。

我很高兴春天来了，很高兴复活节来了，很高兴有家人和朋友——

活着真高兴！幸福！

所有人都同意，我们应该在极端情况下寻求上帝的指引和帮助。在安阿伯，可能不止一两个，而是成百上千甚至成千上万的基督徒都愿意将其（逮捕凶手）当作祷告事项。

　　　　　　　　——写给《安阿伯新闻》的信，

　　　　　　　　　　　1969年6月17日

上帝的国度

我并不完全是在做梦，虽然那同样是一场不祥的梦。在紧闭的双门和大门后面，有一座大教堂。我知道这座教堂，有一群白人牧师，还有一个黑人唱诗班，会在夜幕降临时唱诗，他们许诺着救赎。一定会的，牧师尖叫道。在紧闭的门后，我能听到人们狂喜的呼喊，看到孩子们奔跑的腿留下的影子。我走过，衣领紧紧地拉在脸上；我穿着蓝色的薄外套，根本无法御寒。读红色部分！一个守在门口的女人低声对我说。读红色部分！在那里，爱将得到救赎，而救赎就是爱。

我留在大门外。这条街的泥土淡灰中透着黄色。我和一些驼背的吊唁者一起，吃着种子，在我们的手指间滚着弹珠。

勒福奇路

那是勒福奇路附近一座废弃的谷仓，
是那种青少年
喝酒和性交的去处，

警方在那里发现了
"相当新鲜的人血"痕迹。
警方还发现了：

一个女孩的镀金耳环，
另一个女孩的马海毛毛衣，
另一个女孩"速干"白衬衫的布条，

以及几天前
用来勒死第五个女孩的
黑电线的切头。

谷仓被监视后

不久就烧毁了，有人在

冒烟的废墟前放了

"五朵饱满的丁香花"。

后来，当地的一个孩子承认了纵火，

但这些花仍然是个谜。

离题的话

我是从《密歇根凶案录》
抄录的所有细节，

这本书让我感到恶心。书的副标题是：
本世纪最残暴的性犯罪！

无论如何，我必须说清楚：
这些细节都不是我写的。

监视

在第七个女孩被发现死在溪谷中后，
警方决定不立即通知她的家人。

相反，他们用百货商店的假人模特
代替了她的尸体，

以防凶手再次回到现场，
这显然是一种常见的行为。

当天夜里，树林里确实出现了一个男人，
一个穿着宽松浅色衬衫的年轻人。

但是，在八月的倾盆大雨中，警察摸索着
对讲机时，

那个男人跑回他的汽车，车灯
消失在了树林中。

大字标题

案件越来越离奇。
一个名为"迷幻游侠"

的组织请来了灵媒,那人说了一些话,比如:
她的脸被打了,打了,打了。她的脸皱得像猴
子的脸。

对当地所有女大学生强制实施了宵禁;
州长最终要求联邦调查局介入。

1969年8月1日,
一张人类登月的照片

出现在《安阿伯新闻》
的头版。

标题是：

"两名阿波罗11号宇航员

在怪诞的虚幻世界中嬉戏，这个世界到处是饱
受撞击的灰色地面……
上方是漆黑的天空"

但在这张照片的上方有一条更大的大字标题：
谋杀嫌疑犯被捕：

人称柯林斯是个"话少的好人"。

一个错误

约翰·柯林斯是东密歇根大学的大三学生。
他的专业是教育。

他的叔叔是一名警官，
在一次家庭度假回来后，

他注意到自家地下室的地板上
喷有几处大片的

黑色清漆。出于好奇，他刮掉了
污渍，发现了

他认为是血迹的东西。

那些并非血迹，但调查已经开始。

不久，警察在洗衣机旁
发现了血迹。

警方还及时意识到，
全家修剪头发时

散落在地下室地板上
的数千根短发

可能与凯伦·苏·拜恩曼
内衣上的毛发相匹配，

这些内衣被塞在
尸体的阴道深处。

全家都不在的时候，
只有约翰一个人在房子里；

他留在家里喂狗。

一年后，在对他的审判中，助理检察官
结束辩论时说

柯林斯犯了"一个愚蠢的错误……他在地下室
的地板上
喷了黑色涂料，

以掩盖他认为的血迹"。

或者，换一种说法：

想象往往
会变成现实，可当它变成现实时，

就没有足够的
黑漆来掩盖了。

柯林斯的陈述

　　我有两件事要说，法官大人。第一，我真心觉得公众试图对我进行公平的审判，陪审团并没有对此掉以轻心。但考虑到社会上的普遍情绪，我觉得过去六七周内发生的事件被过分夸大了。我认为这是对正义的践踏。我希望有一天会纠正这一错误。第二，我从不认识叫凯伦·苏·拜恩曼的女孩。我从没和凯伦·苏·拜恩曼说过话。我没有杀害凯伦·苏·拜恩曼。

　　　　　　　　　——《纽约时报》，1970年8月29日

约翰·柯林斯

柯林斯看起来至少与15起谋杀案有牵连……然而，有人怀疑第三名受害人简（M.），实际上并不是被柯林斯杀害的。

——约瑟夫·C.费舍尔，
《我们中间的杀手：
公众对连环谋杀案的反应》

他的名字听起来像饮料。
他看起来有点像我以前认识的一个人。

他长得很帅，曾经为《明日之子》
这本准色情杂志摆过半裸的姿势。

在寻找他的"阴暗面"时，一本书指出他有

"不同寻常的品味"，

也就是说，有时"在穿着上颇有天赋，能在人群中脱颖而出"。

现在回想起来，有些女孩说他可能"郁郁寡欢"或"在性方面咄咄逼人"。

也许比起她们，他更喜欢骑摩托车。

其他人回忆说，他讨厌穿耳洞的女人，因为"耳洞玷污了她们的身体"。精神科医生说起一则古老的故事：

"对女性无限愤怒，对母亲特别冷淡。"

有些人将他的"心理变态思想"

追溯到他大学时的一篇英语论文，他在论文中写道：

"如果一个人拿着枪指着别人，他就可以决定

是否要夺走别人的生命……重要的不是社会的

评判，
而是个人对意志和智力的选择。"

在他房间里发现了P22手枪的弹壳；
有传言说他曾经在登顿公墓附近练习打靶，

简就是在那里被发现的；
他离开后，谋杀就停止了，

除了这些之外，
没有什么能把他和简的死联系起来。

肮脏

我的外祖父认为
他们抓对了人。

多年来，我的母亲一直认为
警察告诉过他一些

不为人知的内幕。
当我们现在问他是什么内幕时，

他给我们讲了一个故事，
在简被杀害的几年前，

他曾去一处肮脏的宿舍看望她，
外面有长发男人骑着摩托车。

他说，那是个肮脏的地方，

那是个藏污纳垢的下贱地方。而约翰·柯林斯，

就是那些肮脏家伙中的一个。

谈话

我问母亲是否认为
约翰·柯林斯杀了简。

我真的不知道，她说，
我也不想知道。

她说，如果不是他干的，我就会想到
一个更可怕的答案：

那一定是我们认识的人。

谈话

我想象我们
在安全的地方聊天，比如
死后。

我们只是随便聊聊，所以我说，
约翰，跟我说实话。
你到底有没有杀她？

他望着窗外，
叹了口气。这真的
很重要吗？

或者他会害羞地笑笑，
点上一支烟，说，
你觉得呢？

或者他直视着我的眼睛
说，是的，玛吉，我杀了她。
我把她们都杀了。

然后轮到我叹气了，
约翰，你为什么
要做那样的事？

这本书我已经读了十七遍，我第一次拿到这本书是在大约十年前……我一直在试图更多了解有关约翰·柯林斯的消息，是什么让他如此憎恨女人，以至于杀害了七名女性，但我一无所获。

——亚马逊网站上一位读者对
《密歇根凶案录》的在线评论

简的日记

（1966年）

也许我们都是傻瓜，

都不明白——

　　　　　　　　打倒那些人，可恶。

邮购

我买了一份柯林斯二十三岁时的
入狱证复印件。

囚犯编号，右手拇指指纹。
身材：苗条。肤色：红润。

宗教信仰：基督教。刑期：终身监禁，
一级谋杀罪。

虽然我怀着希望，但这一切
在我看来并没有什么特别的。

相反，我觉得在这个男人
和简之间出现了

一个空间，那空间像是

一条通风的走廊。

这条走廊的存在
是为了把谋杀案

和谋杀犯分开。我由此看到
自己感兴趣的

是简的谋杀案。
他的罪行并未引起我的兴趣。

谈话

你好，一个男人说，我是密歇根州警察局的。根据《信息自由法案》，我看到你申请查看你姨妈的档案。

他解释说，他们会检查所有关于柯林斯谋杀案的问询，因为相关问询多得可以塞满他们的地下室。

他说，世界上有很多怪胎。

听我说，他说，如果你把密歇根州警察局的所有人叫到一个房间里问他们有关你姨妈谋杀案的事，95%的人都会说柯林斯就是凶手。

我停顿了一下说，5%的异议似乎是相当大的比例。

呃，他说，这就是为什么我们还有其他嫌疑人。

哦，我说。

是啊，去年我们带了一个人来问话。一个

当地人，他说，一名牙医。

哦，我又说了一遍。我没料到他会这么说。

他答应给我更多的信息，但我一直没有收到回音。当我打电话询问时，一位女士说有人在我的申请表上潦草地写了句"不再需要相关信息"。

大约一个月后，我在网上发现了一个精心制作的网站，网站作者是一个一心想要解决简谋杀案的人。

他给官员们写信并张贴出来，列举了柯林斯不可能作案的原因，并坚称公众仍处于严重危险之中。

他似乎认为杀害她的凶手很可能是一名警察。

他的理论是，无论谁杀死了简，那人"的确是个正派人"，但唯一的问题是他或许有"双重人格"。

他提到了一些我此前从未听说过的细节——洗衣粉颗粒？用来清理血迹的毛巾？在

她法学院房间里的奇怪笔迹？

然而，当他开始用"冷黄瓜"来形容她的
"内阴肿胀"时，我的兴趣立刻消退了。

我知道这种说法，就像我知道警察的
说法——

也许她长得并不丑，但她脖子上丝袜缠绕
的力度足以勒死一头牛。

我锁上门，上床睡觉。对我而言，这件案
子目前已经结案了。

简的日记

（1960年）

如果我能够更好地理解生与死，那该多好。
我惧怕和恐惧死亡，却又对生命和其中的意义
感到迷茫。
我还没有真正的信仰，让我毫无疑问地相信和
追随。

当我能够接受时间、生命和死亡时，
我会为成年后的责任做好准备，
我会轻松自信地步入成年。

现在，我只是一个困惑、迷茫的人。

两轮日食

两轮日食

I

我们并不是生活在
故事或场景中，

完全不是。

风扇嗡嗡作响，
茶水沸腾，

老人在
波多黎各社交俱乐部外大喊大叫。

在思维循环中，
却是

另一番景象。
侦探和梦想家

把手边的任何东西
拿来拼凑，

就像贫困国家的水管工
用破布和绳子修理管道一样。

在我的思维循环中，
我发现

一只孤独的白鹭
单腿站在

湖边，异常地
一动不动，

在倾听着什么。

Ⅱ

湖是圆的，湖面宁静——

只有几朵小浪花，
浪尖上嵌着白糖，

突然，一块石头被扔进了

淡水。
咕咚。

接着又是一块，
咕咚，然后又一块，

咕咚，咕咚。

波轮不断扩大，
穿过

香蒲丛，向岸边
延伸。我看不到

石头沉入
湖底，但我知道

它们沉下去了。

我的母亲仍然会做梦

梦见她的妹妹。简出现了，
总是抱着她的头。

她说，我的头好痛。
我的头怎么了？

来不及救她了，
我的母亲猛然惊醒。

来不及救她了，但这个愿望
仍然使她的心变得脆弱不堪。

堵门

那是1969年的夏天，
我的母亲开始在家里堵门。

事情是从欧洲开始的。

她和我父亲计划在国外
过暑假，而心碎的菲尔

则独自一人去了纽约。

整个夏天，他们都能在英文报纸上
读到有关谋杀案的简短报道。

即使在巴黎和罗马，这件案子也是新闻。

到了八月，另一起与

"曼森家族[1]"有关的杀人案

才让此案黯然失色。

从欧洲回来后，
他们搬到了加利福尼亚。从那时起，

每当父亲出差在外，母亲
就会在家里忙来忙去，搬动家具，嘴里说着，

没什么大不了的，姑娘们。只是该把门堵
上了。

我记得堵门对我来说是个新词，
我为自己的词汇库里有这个词而感到自豪。

她有趣地解释说，

---

1 曼森家族，系媒体对查尔斯·曼森（Charles Manson）所领
   导的类邪教组织的称呼，该组织活跃于二十世纪六十年代
   后期，在美国洛杉矶地区多处作案，杀害多人。

你必须把椅子紧紧地摁在

门把手下面，你必须把
易碎的东西放在上面，这样它们就能

被撞碎在地上，像报警器一样。

埃米莉

我的外祖父是小镇上有名的牙医，
他的清洁技术
既彻底又粗暴。

他曾在战争期间
当过牙医，帮人
把脸拼起来。他说，

他那时明白了，
如果你的肠子还在蠕动，
而且没有发烧，

你就没事。
他在给我们拔牙时说，
这不疼，

一点儿都不疼。
简遇害六个月后，
我母亲斜靠在

他的椅子上。他突然说，
我希望
发生的这一切

不会让你决定
不生孩子。事实上，
她之前并没有这个打算。

两年后，
她的第一个女儿
出生了。

斯黛西和特蕾西

每次去密歇根，
埃米莉和我

都会躺在同一个黄色房间里的
一对单人床上，

每人手里抱着
一个娃娃。我抱着特蕾西

（原本是简的），
她抱着斯黛西

（原本是妈妈的）。
斯黛西的头发是茂密

卷曲的红棕色；

特蕾西的则是细长稀疏

的白金色。
硬邦邦的小身板，

忧郁的脸庞，
黑色的眼睛，涂抹着颜料的嘴巴。

我愿意付出一切，
只要能知道她们现在在哪里。

谎言

我对我的朋友考特尼撒了第一个真正的谎，因为她想去棕榈社区31号的地下室玩，那是我当时住的大房子。那时我们才七岁，坐在地下室楼梯的顶端，看着下面深棕色的房梁坑和通道，我感到一阵害怕。所以我告诉她我们不能去那里玩，因为我有个"妹妹"几年前去那里玩，再也没回来过。

这一招果然奏效，吓得考特尼再也不敢提起这件事。不幸的是，这把她吓坏了，以至于她回家把这件事告诉了她的妈妈。没过多久，她妈妈就打电话给我妈妈，表示非常担心我"妹妹"的命运。

我甚至不记得自己当时是否知道简。我想象中的"妹妹"是一个名叫希拉里的棕色小精灵。虽然我在创造她的同时也杀害了她，但我仍然能感觉到她和我在一起。

简的日记

（1960年）

　　我觉得自己最近很幼稚，很不成熟。我下了很多决心，但总是很容易就半途而废，让我有一种挫败感。

　　最近我很累，很容易无缘无故地发火，尤其是和朋友在一起的时候。

　　我渴望平静和内心的满足。

　　我似乎只有在吃饭或看书的时候才会感到快乐。

谎言

三年级的一天，在我放学回家的路上，我越来越确信，每辆路过的汽车司机都在我身边减速，准备让我上车。我开始越走越快，到家时，我已经哭得泪流满面。一见到母亲，我立刻为自己受到如此惊吓而感到尴尬，于是我告诉她，有一个男人试图说服我上他的车。

剩下的经过已经模糊不清了——我只记得母亲把我带回学校，要求我把故事讲给老师听，她是一位身材矮小、皮肤黝黑的女人，叫斯温夫人。她们逼我描述那个男人的外貌，我不记得我说了什么。当有人说要报警时，我崩溃了，感觉很丢脸，我告诉他们我在撒谎。

简的日记

（1960年10月21日）

桑迪不久前评论说，我八年级时的不顺心都是
自己造成的。

我当然是！！！但她竟然看不出来为什么！

我想引起别人的注意。

我想得到关注！

我想了解自己的想法。

鬼魂

　　棕榈社区的房子闹鬼了。埃米莉看到了鬼，她给鬼起了名字，跟它们说话，还坚持说别人看不到它们。它们都是男的，比如住在楼梯间壁橱里的噗噗，还有出没于各种物品中的乔治。当埃米莉游泳时，那个漂浮在水面上的泳池清洁装置会追着她，长长的塑料触须拖到水底。

　　我看到的鬼有住在废弃酒馆里的牛仔，有追着我上楼的吸血鬼，还有地下室里被杀害的"妹妹"希拉里。我还记得废弃酒馆的楼梯旁有一间浴室，里面堆了一堆二米多高的泥土。如果你能爬上这堆土，你就能从天花板入口进入一个隧道网，这个隧道网不仅连接着大房子，还穿越了时间。

　　多年来，埃米莉一直和那些鬼保持联系。我们的父亲去世后，这种情况变得更加严重——她甚至在十几岁的时候还拖着毛绒玩具、T恤衫、枕套等任何有她所爱之人气味的东西到处走。任何物品都可能成为死者或隐形之物气息的宿主。

我也保存了一些东西。最珍贵的是我父亲的一件灰色粗线针织毛衣，我一直把它揉成一团放在床边的抽屉里，因为我觉得这件毛衣上有父亲的味道。有一天，我妈妈发现了它，把它洗了，说它太脏了，说它不会永远闻起来像他。但她错了。它会的。

简的日记
（1960年4月15日）

我重读了自己所有关于父母的记录，对我说的关于我父母的话感到后悔，
因为我爱他们，也需要他们。我的内心五味杂陈！我想知道为什么？

也许我必须在成为女人的过程中学会发泄情绪。

谁知道呢？我不知道。
也许有一天我会知道的。

喷火龙

在我和埃米莉的成长过程中，我们尽量不问关于简的问题，因为我们不想让母亲哭。但如果简在谈话中出现，我们就会设法哄她告诉我们她是什么样的人。

母亲总是说，她是个喷火龙。她顺从了很多年，然后开始反叛。

我回到房间，在同义词辞典里查了一下。

"喷火龙：大块头、强悍的女人；亚马孙女战士；女巨人。"

简-埃米莉

　　我常常想，如果我和埃米莉能去拜访简，这位我们从未见过的不拘一格的姨妈会是什么样子呢？她会是一个没有子女的自由的灵魂，她会带我们去博物馆吗？她会是一名穿着黑色高领毛衣的共产主义者，她会让我们抽烟吗？或者，更有可能的是，她会是一位住在纽约、慷慨激昂、劳累过度的民权律师吗？

　　我开始嫉妒埃米莉的中间名是简，我觉得这样把她们联系在一起不公平。另外，埃米莉在图书馆找到了一本名为《简-埃米莉》的青少年/恐怖小说，讲的是一个名叫简的年轻女子去看望她的外祖母，结果被埃米莉的鬼魂附身，埃米莉是她的姨妈，多年前死在这所房子里。封底上写着："生者与死者——两个世界的哥特式相遇！"

我不敢读《简-埃米莉》，但我喜欢看它的书封。简的脸悬垂在埃米莉的脸边，而埃米莉则在一个大水晶球中若隐若现。

白色肝脏

我们住在一座美丽的山上，

但两年来"路边杀手"
把这里毁了。接下来

是"夜行者"，让这一带美国
最富裕郊区的白人感到恐惧。

在学校里，他们散发了关于
他的传单，让我们带回家

给父母看。但我们的父母
一直不在家。

我只好和我最好的朋友熬夜
草草画出假的安全警报标志，

贴在所有显眼的窗户上。
我十二岁那年最火的电影是

《血网边缘》，无数个夜晚，
我都在脑海中回放影片的第一幕：

一个蒙面入侵者闯入
加利福尼亚海岸的一户人家，

割下了床上熟睡女子
的乳房，用她的鲜血

在墙上写下"婊子"。这是一部不错的惊悚片，
仅此而已。现在，你可以看到我，

远离金钱，坐在
火边，棍子上插着

我那毫无血色的白色肝脏，
恐惧
被烤得滋滋作响。

简的日记

（1966年）

恐惧和疑虑不会因为
今天是你的生日而消失。

你确定你走的方向
是最适合你的，会让你最快乐吗？

无论如何，你都太注重现状了——
勇气何在？

你一直如此谨慎，
可实际上你有很多想法。试一试，闯出去，
拜托。

作为一个完整的人，
只需要同理心

就能让你成为一个有思想的人，

以及，一个女人。

美丽的山

我走到陡峭山坡上的一座房子前，一条石阶通
向那里。
房子里有一个男人，我想让他看看我。

我穿着粉蓝相间的睡袍。
我看起来如孩子般迷人。

那个男人知道我是谁。
他说他会开车送我回家。

这时我意识到，我是来告诉他我爱他的。

他俯身想要吻我，但我突然
被蜜蜂蜇了一下，嗡嗡声响彻我的整个脑袋。

我向后倒在茂密的树叶上，旁边

是硕大而湿润的橙色花朵。

失去知觉时，我想着
这是一朵黄色的栀子花，我从来不知道还有这
么美丽的东西存在。

燃烧

小时候，当我精力充沛，躺在床上睡不着时，会感到自己的内脏在燃烧。为了入睡，我数着墙纸上的豌豆绿圆点，它们有成千上万个。我先是"过分活跃"，然后"疯疯癫癫"，最后"等待意外的发生"。我的骨头断了一根又一根，只有在石膏里最舒服。两岁时，我的手肘先骨折，然后是手指，脚趾，一只脚，一个手腕。

简也在等待意外的发生吗？在我的想象中，她是我知道的最有冲劲的人。一个想做什么就做什么的女人。一个想有所成就的女人。

但是，在我面前像个疯子一样燃烧的人是我的父亲。他白手起家，一跃成为顶级律师。他成了合伙人。这是他一直想要的成就。他是家族中唯一赚到钱的人。他开着一辆橙色菲亚特敞篷车，在美丽的山间飞驰。他经常大笑，弹吉他到深夜，周游世界，举办盛大的舞会，当我的母亲离开他时，他痛苦万分，后来又和许多女人约会，疼爱他的孩子们，一心想去华盛顿特区工作，后来在一天夜里的睡梦中突发致命的心脏病。在他的葬礼上，几乎每个人都用了"燃烧得耀眼"这一措辞来形容他。

父亲去世后，我回到学校的第一天，我的一个朋友把我拉到一边，告诉我她几周前看到我父亲在我家附近慢跑。她严肃地告诉我，我记得当时他的脸色看起来真的很红。就像要爆炸了似的。

简的日记

（1966年）

整个世界都有问题，可我呢？

我怎么受得了这个地方？

还有什么？

是否太多的事情都是一片混乱？

你能汲取什么？

姐妹

有很长一段时间，我觉得我就是我的姐姐。那是在我只想成为她之前。我们喜欢告诉别人我们是双胞胎。我小时候说话太快，口齿不清和语速过快导致我言语失常，我不得不在放学后花数小时接受言语治疗，观看我嘴部缺陷行为的特写视频，或者玩棋类游戏，在游戏中你必须缓慢且无懈可击地说出莎莉在海边卖贝壳[1]才能前进。埃米莉并不觉得有什么问题，她总是能听懂我的话；很多时候，她是唯一能为我翻译的人。后来，当她变得愈加沉默寡言而无法在餐馆点菜或与售货员交谈时，我很自豪地成了她与外界沟通的渠道。

因此，当她离开我时，我感到非常惊讶。

1　原文为 Sally Sells Seashells by the Seashore，这句话没有实际意义，旨在进行摩擦音训练。

她先是去了寄宿学校。然后，她被开除，去了感化学校。后来，她逃走了。她失踪的每一天，我母亲都说她要从金门大桥上跳下去。我尽量不说话，保持沉默。

在私家侦探的帮助下，他们找到了埃米莉，她被送进了少管所。然后他们又把她送走了，但这次他们雇了人来接她，强行把她带走，比如车门装有童锁等。那是一天清晨，埃米莉和我都不明白发生了什么事。她试图躲在我的床上，抓着我的双脚。有那么一瞬间，我以为时间会停止，我们可以在床单下永远地生活在一起。

漂亮女孩

蓝色泳池旁的
漂亮女孩。

她嗑了药，
像纸一样滑入水中。

我要跟着她吗？

我们下去，经过
白色梯子，

经过黑色数字，

数字的油漆因氯
而斑驳。

向下，向下，
下到

下水道。

她会死在这里，
她是故意的。

后来，她
肿胀的尸体

躺在我的浴缸里。我没法
自己把她

弄出来。我打电话
向我的爱人

求助，但
当我试图

解释时，

却无言以对，

无法呼吸。

简的日记

（1966年）

香烟，一根又一根，为什么会这样？

反复

我反复梦见一个女人
被肢解，她的尸块

散落在一座巨大的宅子周围，
像石榴子般闪闪发光。

我不记得是不是我男朋友干的，
还是我帮他干的；不管怎样，

我都觉得我有责任帮他逃走。
但他总是嗑药嗑得头昏脑涨——

眩晕，然后昏迷，失去知觉。
最后，我一个人设法把她所有的尸块

装进了一个木箱里，虽然做的时候
我弄得血肉模糊。

简的日记

（1966年）

又是漫不经心的胡言乱语

奇怪，躺在床上
无法入睡

这一切都很熟悉，
但我内心的想法
却并不熟悉

问题，一遍又一遍
回家太久，回来太快

孤独，真的很孤独

一个人的时候，你是什么样子

丑陋、沉重、声名狼藉

不确定，清醒，无用

这个房间真可怕

可怕

无法入睡，被她的
话语包围。害怕，真的害怕

告诉你我脑中
喋喋不休的残忍——

她什么时候知道
自己身处险境；

那把可怕的小枪
顶着她的头；

前面和后面，
哪边先开枪？

恐惧，

她的恐惧，

但我无法想象。

为什么还要继续尝试？
我能听到你说。唉，

我也没办法。我就是忍不住。然后，
为了阻止这些想法，我想象着

两声快速而沉闷的枪响，
作为一种解脱。你不知道吗，

我觉得这
就是地狱。

我试着用我学到的
技巧来渡过这一难关——

冥想愤怒的神明。

看着它融化成光。

于是我就这么做了，我发现
即使满嘴鲜血的

印度教时母和
拿着锤子的雷神

也不能把我从这里带走，
在这里，你的呼吸喷涌而出，

而我俯身倾听。

认真起来

我梦见他乘着降落伞来到我身边，
降落在一条闪烁的运河上。

我在和母亲打电话。
我告诉她，他来了，我现在得走了。

他向岸边爬去，身后
拖着降落伞。

我拿了一把刀，一把长刀，
当他靠近我时，

我捅了他一刀。他的身体沉了一下，
很快又恢复了活力。

他说，没那么容易。

我们花时间讨论了一下。

难道你是那种妖僧[1]吗？
不，他说，你只需要

更认真地对待它。
更具体。

于是我又捅了他一刀，然后又一刀，
两个肾脏各捅了一刀，

在他背上深深捅了两刀。
他现在真的死了，

我的刀上有一层淡红色的釉光。

他知道他来的目的，
我也知道我必须做什么。

---

1 指俄罗斯帝国晚年臭名昭著的妖僧拉斯普京。

所以这并不是真正的噩梦，
在我的下一个梦里，我飞越了

华美的丝绸般的沙丘。

简的日记

（1966年）

时间多的是——我何必担心？

你不应该这样做，但这并不是
你需要联系别人，认识他们，

分享你自己的理由，反之亦然
当与你喜欢的人断绝联系或他们与你断绝联
系时，

这么做当然无法治愈这种失落感，
尽管会有所帮助。但乐观在于

你知道，虽然你可能会
失去一些人，但你会赢得更多人。

就像我说的，时间多的是。

剧本

　　我是一个童星。剧中要求我骑一匹从舞台左后方飞奔而出的马，我的身体一跃骑上马背。这匹马有点冷淡，但没关系，这样会产生很好的戏剧张力。然后，剧本要求我遇到一起重大事故。被撞后，我在儿时的床上醒来，发现自己的后脑勺被撞烂了。这感觉糟透了，我不能碰它，只能躺在浴缸里，让血块在水里溶解，让水冲过缠结的头发、血液和脑浆。洗漱完毕后，我躺在床上：松软的粉色床单，黄色卧室。我接受鲜花，人们来看望我。他们向我保证，这次意外的背后是一个更伟大的计划，这个计划可以让我重新当上主角。

神谕

到哑巴神谕那里去。
带上各种祭品——

梨、表皮、石英块。
跪在

嵌入泥土的
冰冷大理石板上。

全神贯注。让太阳跃过
日晷盘。

过一会儿,一个问题
就会出现。但如我

所说,神谕是

哑巴。那就慢慢走回家吧，

回到你的房间，在那里，
烛光照出水果的影子，

问问那些形状，
问问那座黑暗的城市：

我是否要以无可指责
的残暴度过此生？

然后等待
清晨，

让事物明亮的沉淀物
变得清晰。一切

都会明朗起来。

图书管理员

当我告诉母亲
我要去密歇根

追寻简的
生命终结时，

她让我大吃一惊，她说
她想和我

一起去。
她说是时候了。

在我们计划旅行细节时，
她一再坚持：

我不想让你沉迷于此。

我梦见自己在图书馆
研究"曼森家族"。

我尽量不让别人看到我，但
图书管理员盯上了我。

当她质问我时，
我拼命解释说

这属于一个更大的项目，不仅仅
是关于"曼森家族"的。

返乡之旅

我们的计划是：芝加哥见面，
一起飞到大急流城，
随后租辆车去安阿伯。

但是巨型雷暴把我
困在纽约拉瓜迪亚机场一整天。
你以为会很容易吗？我能听到简这样说。

无法和母亲
取得联系，所以还没等我
到达登机口，

她就丢下我自己走了，
在马斯基根和她父亲
一起过夜。当我们终于

通上电话时，我告诉她，
整趟旅程糟糕透顶，
而且老天告诉我们

不要再探寻下去了。
但我还是在黎明时分回到机场，
顺利抵达芝加哥，

然后登上一架小型螺旋桨飞机，
继续赶路。我看着那个

被我当作空姐的女人
进了机舱，锁好舱门；
当她爬进驾驶舱时，

我吓了一跳——
我以前从没坐过
女飞行员驾驶的飞机。

飞机升空后，

每个人都
坐到了窗边，

但我留在了1A的座位上。
从这里我可以看到所有的控制装置，

看到它们是多么简单，
以及她是如何操纵它们的。

电影版

我时髦、聪明、有抱负，
是一名年轻的中情局特工，喜欢

独自在树林里奔跑。
我是个见过世面的城里人，来到一座小镇，

无意中捅破了旧伤。
我在当地酒吧点了

马天尼酒；常客们
并不喜欢我。尽管没有人

愿意和我交谈，但我了解到
越来越多关于她那桩谋杀案的信息。

但我不知道的是，

我的处境越来越危险——

凶手正紧追不舍。
一天晚上，我回到家，

发现门锁里插着一根牙签；
当我翻找钥匙时，他把我

绑到一辆卡车上，然后把我
困在黑暗的地窖里，

强迫我穿着
性感的黑色衣服拉大提琴，

迫使我直面
得知父亲之死时的感受。

最后，尽管我的后援
没有及时赶到，我还是

杀死了劫持者。
在结尾的镜头中，

我看起来安全、快乐、健康，
但观众知道，

我将永远受困于
这次的罪恶。

安息之地

我妈妈开着租来的车直奔那里，尽管
她不确定自己是否记得路。

她过去常常来这里一坐就是几个小时，告诉
她妹妹最近发生的一切，讲讲自己的两个
孩子。

简现在葬在她母亲旁边；两座坟墓都非常
朴素。

只是在鲜绿的草地上平坦地铺放着花岗岩
墓碑。
简的墓碑上写的名字是珍妮，不是简。

我还记得我们埋葬外婆的时候，
我偷偷地看了看简的坟墓。我做梦也没想到，

今天我会盘腿坐在它旁边，而母亲
面朝太阳。我们边坐边聊，

我的后颈和胳膊晒伤了，
要好几个星期才能恢复。

我们留下三朵
在当地超市买的白牡丹，

两朵给简，一朵给我的外婆，
然后继续前行，停下来

捡起几张麦当劳包装纸，
风把它们吹到了墓碑上。

重访勒福奇路

这里还有谷仓，孤零零的红色谷仓
立在田野里。每座

谷仓都有一条土路通向它，
在齐腰高的草丛中划出一道白线。

时不时有一辆小货车驶过，
拖起一团灰尘。

我让母亲拐进
其中一条土路。

突然，这里变得泥泞而宁静；
一条被叶片围起的走廊。

阳光晒得道路斑驳而古怪。

我让母亲把车开到这里，
但我无法告诉她为什么。

我只能说，
这里的夜晚一定很黑。

简单叙述的故事

简单叙述的故事

这些标注简单叙述了过去两年间发生在安阿伯地区的悲剧故事。

——1969年7月28日《安阿伯新闻》

想象一张
上面布满数字
的地图，每个

数字都对应着
一个死去女孩
的位置，

图4.1：具体死亡位置
一行字印在

页面上方。

事隔
三十多年后，
我膝上

正放着
这样一张地图
为我们导航。

我们沿着
12号公路
向东走，

公路两旁都是冷清的
临街商区。母亲信誓旦旦地说，
这里以前没有这些东西。

随着我们远离
其他数字群，

离3号越来越近，

周围也越来越偏僻。
突然，我看到
钢丝网围栏上

钉着一块旧金属牌子：
登顿公墓。
在这里转弯，我轻声说。

以心传心

风中飘浮的
一片垃圾说，
还没到。

被云层笼罩的
一道闪电说，
还没到。

一个女孩在船上，
船上千疮百孔。
更近了。

狭长的天空。
狭长的天空和一只碗
快到了。

简的日记

（1961年10月28日）

假面剧团今晚演出了《安妮·弗兰克日记》。

我在后台负责服装。和演员们很熟。

主演是格温·朱伯德。她演得很棒。她就是安妮。

我觉得我成了她的朋友。我不太明白，但就是存在一种亲切感。也许只是戏剧、灯光、气氛的缘故；但是，哦，她是如此甜美。

她时而悲伤，时而快乐，时而得意，时而压抑。我想，在某种程度上，我理解了。也许就是这样。

不管怎么说，真的很棒。我爱剧团的每一分钟，我全心全意地爱着假面剧团。

我希望有一天我能成为主演，但现在考虑这个还为时过早。

我只能说，我很高兴能成为这一切的其中一员，也很高兴能置身于活动和欢乐之中。只有身临其境，才能真正享受或理解这一切……

幽默、感激和喜悦溢于言表，但我不知如何形容。

这部剧的精神深深触动了我的心，我知道我永远都忘不了。

我只能想象演员们的感受——要是我也能这样感受就好了，可我只是服装委员会的成员……

我太高兴了！

创作哲学（重现）

如果我现在告诉你，简并不美丽，
你介意吗？

她不漂亮。她的皮肤
很白，好像涂了一层干粉，

她的双眼挨得很近，
看不到眼睑。在我最喜欢的那张照片里，

她十五岁，那时候
她的童年日记变成了废纸，

然后沉寂下来。她的脸和躯干
在深蓝色的天空下若隐若现，

那一刻，一朵信天翁形状的

巨型云朵盘旋在不远处。一束明亮的光线

照亮了她的半张脸，
照亮了她的额头和长满雀斑的

坚挺的鼻子。
整张照片是那么美。

登顿公墓

与高速公路平行的是一条狭窄的砾石路，
过去曾是情侣小道。

路的尽头是一片玉米地，那里
有一座巨大的红色谷仓，谷仓两侧曾经有白色
筒仓。

砾石路的一侧有十来栋房子，
尽头是一栋砖砌的大房子。

另一侧，几米之外，是登顿公墓——
一处方形的墓群，其中的坟墓不超过三十座。

公墓外面是草地，然后是高速公路。

在这个六月的好天气里，这里是如此宁静，

整个世界似乎都缩小成了这般景象：

太阳，大片的云，绿色的田野，红色的谷仓。

很多人都在讨论，这座发现她尸体的
墓碑上的名字有什么意义，

但"老威廉·唐宁"
原来只是最靠近入口的坟墓，

也就是钢丝网围栏内的
第一座坟墓。所以

这里没有故事。这只是
他在一个冷雨之夜

抛弃她的地方，也是我和母亲今天
伫立倾听鸟鸣的地方。

简的日记

这孩子什么都不知道。

    她想像婴儿一样睡上一觉，却生活在一个复杂的世界里。

    现在她要睡觉了——周一起床——周三回家——周日回学校。

    想起逝去的夏日，梦见你。

    谢谢你！治疗结束了。

爱你的，

简。

尾声

现在安静了。信写完了，她把笔记本合上，塞进包里。她走出面包店时，店门在她身后关上，然后消失了。

在路上，她捡起完美的圆形鹅卵石，为它们日常的灰色光辉所折服。她感到头部又开始微微疼痛，仿佛是经历了一天花粉的折磨，她试着用石头按了按额头。

感觉不错。再用点力。

石头嵌了进去，像第三只眼睛；又像一轮明月，带着对大海的记忆。这样很好，她可以在这里打磨它。不是用网纱，而是用呼吸。

她可能需要这样做，因为她所处的世界可能会让她失明。

的确，她已经看不见了，但最后一束光正像磷燃烧一样，以厚重、黏稠的形式滴落下来。

我继续前行，我不知道自己是走向黑暗，还是走向光明和欢乐，她在路上前行时想着。

在她的头顶上，太阳仍在试图射穿薄雾。她想，奇怪的是，太阳常常只呈现出一轮苍白的圆环，而不是那无法想象的火之狂欢。

致谢

衷心感谢 *LIT* 和 *jubilat* 的编辑，本书节选最初发表于这两本杂志。《五指评论》（*Five Fingers Review*）和《蝾螈》（*Salamander*）也发表了个别诗作。

资料来源：爱德华·凯斯，《密歇根凶案录》（纽约州：Pocket Books，1976）；约瑟夫·C. 费舍尔，《我们中间的杀手：公众对连环谋杀案的反应》（康涅狄格州西港：Praeger，1997）；"罪案资料馆"网站（crimelibrary.org）；位于伊普西兰蒂的密歇根州警察局；《安阿伯新闻》《底特律新闻》《密歇根日报》《底特律自由报》及《纽约时报》；《西尔维娅·普拉斯诗歌作品集》；《牛津英语辞典》；埃德加·爱伦·坡，《创作哲学》；南希和本尼迪克特·弗里德曼，《迈克夫人》；弗吉尼亚·伍

尔夫,《存在的瞬间》;威廉·詹姆斯,《心理学原理》;安德烈·布勒东,"想象往往会变成现实",出自诗集《大地之光》(英译本)中的《曾几何时》(洛杉矶:Sun & Moon Press, 1993);西蒙娜·波伏娃,"有人能像喜欢山或海那样喜欢血吗?"出自"我们必须烧死萨德吗?"(《萨德侯爵》英译本,纽约州:Grove Press, 1954);费奥多尔·陀思妥耶夫斯基,"我不知道自己是走向黑暗,还是走向光明和欢乐",系《卡拉马佐夫兄弟》(英译本)(纽约州:Signet Classics, 1980)中的角色迪米特里之语。

感谢我的母亲为我讲了许多故事,感谢菲尔,感谢他的友谊,感谢他愿意被找到。我还要衷心感谢在这个项目的各个阶段给予支持的许多朋友和读者:布莱恩·布兰奇菲尔德和艾琳·迈尔斯,他们无所畏惧,为我呕心沥血;理查德·纳什、田纳西·琼斯、莎娜·康普顿、戴维·雅尼克,以及其他所有成就了Soft Skull Press的英雄;莉莉·玛萨莱拉、苏珊娜·斯奈德、辛西娅·尼尔森、尼克·福林、克里斯蒂娜·克罗斯比、詹尼特·雅各布森、马克·比宾斯、丽贝卡·莱利、保罗·拉法基、桑多尔·魏纳、伊芙·科索夫斯基·赛吉维克、维恩·科斯腾保姆、罗伯特·克里利、詹妮弗·斯图尔特和桑德尔·希克斯；最后是玛丽·安·考斯，因为她很早就相信痛苦是有形式的，或者至少有时可以找到形式。

图书在版编目（CIP）数据

简 /（美）玛吉·尼尔森著；李同洲译. -- 北京 ：
北京联合出版公司, 2025.10. -- ISBN 978-7-5596-8157-
7

Ⅰ. Ⅰ712.65

中国国家版本馆CIP数据核字第 2024JQ2917号

北京市版权局著作权合同登记　图字：01-2024-6450

简

作　　者：[美]玛吉·尼尔森
译　　者：李同洲
出 品 人：赵红仕
责任编辑：龚　将

北京联合出版公司出版
（北京市西城区德外大街 83 号楼 9 层　100088）
北京联合天畅文化传播公司发行
北京美图印务有限公司印刷　新华书店经销
字数 100 千字　787 毫米×1092 毫米　1/32　8.625印张
2025 年 10 月第 1 版　2025 年 10 月第 1 次印刷
ISBN 978-7-5596-8157-7
定价：56.00元